Mona-lisa Carita

L'œil maudit

Mona-lisa Carita

L'œil maudit

Be tulipe

Éditions Muse

Imprint

Cover image: www.ingimage.com

Publisher:
Éditions Muse
is a trademark of
Dodo Books Indian Ocean Ltd., member of the OmniScriptum S.R.L Publishing group
str. A.Russo 15, of. 61, Chisinau-2068, Republic of Moldova Europe
Printed at: see last page
ISBN: 978-620-3-86690-2

L'œil maudit

Tome1

Il était une fois

Dans un petit village lointain, cachée, dans la forêt de perles, entre plusieurs arbres et quelques buissons (on l'appelait ainsi car lorsque la pluie défilait sur les feuilles, chacune d'elles sous l'éclat du soleil se transformait en perle)

Une petite fille du nom de tulipe venait de naître, elle portait le nom d'une fleur, ses cheveux étaient blonds comme leurs pétales, Tulipe était d'une douceur sans fin, quand elle criait, son cri n'était pas du tout assourdissant , il était plutôt apaisant

Un jour quelque chose d'étrange entra dans le château, quelque chose d'étrange et de frissonnant parcourait les couloirs et entra dans la chambre du bébé, jusqu'à en effleurer le berceau, cette chose maléfique était une brume noire!

Quand le bébé se réveilla, il vit la brume et il voulut jouer inconsciemment avec, elle s'approcha du bébé, le bébé l'effleura de sa petite main, les murs tremblèrent tout autour du bébé, il commença à crier, ses parents arrivèrent en courant la mère de Tulipe, apeurée, se mise à pleurer, elle remarqua que son bébé était différent, en le regardant de plus près, elle remarqua que l'œil gauche de son enfant était différent, et noir

Le père de Tulipe se demanda comment une chose aussi maléfique avait pu pénétrer dans un lieu aussi sacré, les parents de Tulipe essayèrent par tous les moyens possibles de trouver quelqu'un qui puisse soigner, ou même enlevée le maléfice de leur fille, mais en vain

Le soir venue, les parents de Tulipe attristés, demandèrent de l'aide en priant, toutes les lampes autour d'eux s'allumèrent, une douce brise leur caressa la joue, et une lumière blanche apparue, devant eux c'était une fée blanche

- Bonjour, je suis blanche, je suis là pour vous aidez je peux enlever le maléfice de votre enfant, jusqu'à l'âge de ces 18 ans ensuite, la malédiction reparaîtra dit elle

Les parents de Tulipe acceptèrent, et le maléfice disparut, pendant 17 ans, tout se passa bien, Tulipe a grandi, elle était à présente une jolie jeune femme, elle allait bientôt avoir 18 ans, elle était heureuse de fêter son anniversaire, Tulipe était dans sa chambre, heureuse, elle se prépara à descendre, à minuit ce fut le désastre, Tulipe hurla, le maléfice était de nouveau là, la mère de Tulipe réveillée par les cris, alla rejoindre Tulipe, arrivée devant sa fille elle dit

- Ma chérie, quand nous t'avons eu, nous étions les parents les plus heureux au monde, mais un soir quelque chose de maléfique est venue près de ton berceau, et t'ont transmis cette malédiction, et grâce à une fée, elle a été rompue, mais à présent elle est de-nouveau la dit la mère de Tulipe

Tulipe serra sa mère dans les bras, et pleura, une larme coula de son œil, sur une plante qui disparut, mais personne ne le remarqua Tulipe alla se changer pour sortir, car il faisait froid, elle sortit de la forêt et alla se promener, en regardant le ciel étoilé

- Et salut? Tu es la princesse Tulipe. Celle qui habite dans le château? Dit un garçon

Tulipe continua d'avancée, sans faire attention au garçon

- Et! Attends dit-il

Le garçon attrapa Tulipe par le bras, et le bras de tulipe se mit à brûler, elle eut des marques sur son bras, le garçon la lâcha étonné, et Tulipe rentra en courant, sa mère la vue, et lui toucha le bras, et toutes la brûlure disparut

- Euh maman? Dit tulipe

- Quand tu étais bébé, et que la fée blanche est venue à nous, en échange d'enlever le maléfice, ton père ou moi devait absorber une partie de tes pouvoirs, et je me suis désignée dit la mère de Tulipe

- Cela veut dire que j'ai des pouvoirs. Dit Tulipe

La mère de Tulipe hocha la tête, Tulipe sourit, embrassa sa mère et sortie, elle quitta le château et s'aventura dans la forêt, elle dépassa quelques buissons, toucha quelques arbres et au loin, elle vit un arbre avec un tronc , qui commença à briller au fur et à mesure qu'elle s'en approchait, elle s'arrêta, passa sa main à travers le tronc, quand elle retira sa main du tronc un petit être avec des ailes noires était posé sur sa main , il la mordit, et repartit dans le tronc, et Tulipe y rentra à son tour, quand elle arriva de l'autre côté, elle aperçue devant-elle, un manoir aux grandes barrières noires, Tulipe ne ressentait rien de bon face à cela, alors elle retourna dans le château auprès de sa mère

- Maman! Il y a ce tronc d'arbre au milieu de la forêt, il mène à ... dire Tulipe qui n'eut pas le temps de finir sa phrase

Deux hommes entrèrent par les fenêtres du château des soldats qui était en train de protéger le château commencèrent à se battre, mais en vain, après quelques minutes de combat, les hommes périrent, Tulipe aperçue sur le bras d'un homme, un petit oiseau

- Ces 2 hommes, ils t'ont suivi jusqu'ici! Dit la mère de Tulipe

- Mais...comment ont-ils fait? Dit Tulipe

- Quand tu as traversé le tronc, et que devant toi le manoir est apparu, ces gens t'ont vue, et ils t'ont suivie sur le chemin du retour dit la mère de Tulipe

- Et que nous veulent-ils? Dit Tulipe

- Tu as été choisie par le prince noir, pour être son épouse et tant que tu auras cette marque a l'œil, il pourra si tu le rejoins, te contrôler à ses côtés dit la mère de tulipe

Tulipe serra sa mère dans les bras, et elles sortirent toutes les deux du château, elles marchèrent ensemble jusqu'au tronc d'arbre, enfin, face au tronc, une lumière verte apparue, la lumière se posa sur le bras de Tulipe et devint un bracelet

- Grâce à ce bracelet, tu seras protégée contre les créatures dites la lumière en ce transformant en bracelet

Puis à un, elles traversèrent le tronc, mais en face d'elles ce n'étaient plus le manoir, c'était un chemin rempli de flaques d'eau, Tulipe se pencha devant une flaque noire, en ce penchant elle aperçue, deux lumières jaunes qui la fixaient

- Tulipe c'est dangereux! On ne sait pas ce que l'on peut trouver ici dit la mère de Tulipe en l'attrapant

- Mais maman ce n'est qu'une simple flaques d'eau dit Tulipe

Tulipe regarda à nouveau dans la flaque d'eau, mais elle ni vu que son reflet, quand elle se retourna, elle aperçut devant-elle un homme aux yeux jaunes, aux cheveux noirs, et aux cornes pointues

- C'est un serviteur dit la mère de Tulipe

l'homme regarda Tulipe et sourient ses dents étaient pointus, il s'approcha de Tulipe prit sa main, et disparut, quand Tulipe ouvrit la main elle aperçut une lettre

« Chère tulipe »

Je sais qui tu es depuis ton plus jeune âge, la marque que je t'ai transmise me permet de te contrôler,viens à moi

Le prince noir.

La mère de Tulipe lut la lettre à son tour- Nous devons nous cacher avant qu'il te trouve dit-elle

Le serviteur apparut à nouveau , et attendit la réponse de Tulipe, elle lui rendit la lettre, et il disparut dans une fumée noire

- Il sera bientôt informé, nous devons partir dits la mère de Tulipe

elles partirent en courant, elles enjambèrent quelques branches, puis elles arrivèrent à l'endroit du tronc, mais ils y en avaient deux, lesquels prendre? L'un des troncs éclairait bleu l'autre vert, le tronc vert envoûta Tulipe qui voulut à y entrer- c'est un piège dit la mère de Tulipe en l'attrapant alors elles traversèrent le tronc bleu, et le tronc vert parti en fumée

-Bonjour, que faites vous ici ? Dit un garçon

Tulipe et sa mère regardèrent l'homme devant-elles

- Nous devons de l'autre côté du tronc, de la forêt de perles, ou sommes-nous? Dit la mère de tulipe

- Vous êtes dans la forêt de verres, ceci est mon domaine, je suis le prince dit le garçon

tulipe étant timide né répondu plus

- Je suis la reine de la forêt de perle, et voici ma fille, la princesse tulipe dit la mère de tulipe

Le prince posa son regard sur Tulipe qui rougit

- Je pense que l'a c'est déjà vu dit le prince

- Je ne pense pas dit Tulipe

Le prince Sourit, et invita tulipe et sa mère à entrer dans le château, et comme son nom l'indiquait le palais était entièrement en verre ils marchèrent ensemble dans les grands couloirs du palais, jusqu'à la salle à manger où ils prirent places, 3 hommes apparurent avec des assiettes de verres remplis de nourritures, ils mangèrent puis allèrent ce couchées le lendemain matin, en ce réveillant tulipe vue devant-elle, le garçon qu'elle avait vu près de la forêt, celui qui lui avait brûlé le bras

- Et toi ! Dit-il

le garçon entra dans la chambre de tulipe

- Qui es-tu ? dit Tulipe
- Je suis le frère du prince Ton époux par mariage arrangé dit-il
- Mon quoi ? dit Tulipe choquée
- Depuis qu'on est née un mariage a été arrangée dit-il
- Je n'accepterais jamais dit Tulipe
- Moi de même, j'aime quelqu'un d'autre dit le garçon

la mère de Tulipe rentra dans la chambre

- Ah, je vois que vous avez fait connaissance ! dit la mère de Tulipe
- Oui, on a fait connaissance et c'est non dit Tulipe

Le garçon sortit, et son frère arriva

- Que ce passe t-il ici dit-il
- Ma fille refuse le mariage arrangé avec votre frère dit la mère de Tulipe
- Et bien cela peut s'arranger dit-il
- Pardon ? dit la mère de Tulipe
- Je prends la place de mon frère dit le prince
- Pourquoi feriez-vous cela? dit la mère de Tulipe

La mère de Tulipe n'eut pas le temps de terminer sa phrase, que le prince mit un genou à terre

- Princesse tulipe, j'ai eu le coup de foudre pour vous, voulez-vous faire de moi l'homme le plus heureux au monde en m'épousant dit le prince

Tulipe gênée acquiesça de la tête, la mère de tulipe émue se pressa d'organiser les préparatifs du mariage le mariage était prévu pour le lendemain, Tulipe alla cette couchée heureuse.

Le lendemain matin, tulipe se réveilla et des bonnes rentrèrent dans sa chambre, et préparent Tulipe pour le mariage, d'une longue robe blanche, ainsi qu'un long voile blanc, ses longs cheveux étaient ondulés et ornés de bijoux argentés, la mère de Tulipe était émue, elle leva la main, et une fée apparue et tourna autour de tulipe en y déposant de la poussière verte

- Ma petite fille devient enfin une femme dite la mère de Tulipe

Tulipe embrassa sa mère, ensuite elle monta en voiture en faisant attention à sa robe, tous les invitées attendaient avec impatience les jeunes mariées pour les unir devant Hetard le dieu de toutes les forêts, le trajet semblait long, Tulipe regarda par la fenêtre le paysage magnifique, mais d'un coup une fée jaune apparue

- Sauves-toi tu n'es pas en bonne compagnie dit la fée avant de disparaître

Tulipe essaya de sortir, mais les portes de la voiture étaient bloquées, les carreaux commencèrent à changer de couleurs pour virer au noir, Tulipe ne pouvait plus voir ce qui se passait dehors, le conducteur ne regarda pas une seule seconde Tulipe, la robe qu'elle portait était elle aussi entrain de changer elle était en train de devenir noir, Tulipe réalisa qu'elle alla ce mariée avec le prince noir, quand la voiture s'arrêta enfin, le conducteur disparut dans une fumée noire , la porte de la voiture s'ouvra d'un coup et Tulipe en regardant devant elle, aperçue le manoir , un homme vêtu de noir lui tendit la main en souriant

- Bonsoir madame , il était temps, je vous attendait dit l'homme

Il sourit a Tulipe en lui prenant la main, elle était comme envoûtée et ne put faire demi-tour , ils avancèrent ensembles jusqu'au manoir, face a la porte du manoir délabrée Tulipe paniqua, mais.. quand la porte s'ouvra elle fut bouche-bée , tout l'intérieur du manoir du sol au plafond était recouvert d'or

- Bienvenue dans la forêt d'or, je suis Jack le roi de cette forêt cachée depuis des années dit-il

Plein de lumières dorées tournèrent autour de Tulipe, elle en fut tout illuminée

- Ce sont des fées d'or quelques une sont devenues des fées noires a cause de mon jumeau maléfique dit-il

- Votre jumeau maléfique dit Tulipe

- Oui, le prince noir dit il

Tulipe commença a prendre peur, elle ce demanda si le prince noir ne lui cachait pas quelques chose

- Où est votre frère a présent? Dit elle

- je n'en sait quelques part dans l'ombre de la lumière au fin fond des terres dit Jack

- vous n'avez pas peur qu'il revienne? Dit elle

- Si quand même car le trône lui reviens de droit dit il

- Pourquoi suis je ici?dit Tulipe

- Car tu es la femme la plus convoitée a cause de ce que tu as , a ton œil, tout le monde te veux surtout mon frère , mais je ne le laisserais pas faire dit-il

- Donc vous me voulez parce qu'il me veux? Dit elle

- Je te veux parce que tu es la femme la plus convoitée ,et t'avoir a mes côtés fera de moi l'homme le plus haut placé dit il

- Et.. votre frère dans tout ça? Dit elle

- Il n'est pas la, c'est pour cela que je dois vous épousé au plus vite, avant qu'il revienne dit il

- Et si je refuse dit elle

Tulipe n'eut pas le temps de réagir que Jack lui souffla de la poudre sur le visage, et elle tomba , Jack la rattrapa et l'amena dans une chambre ou tout était en or, et il la laissa ce reposer, en allant faire de même.

Le lendemain matin, Tulipe ce réveilla et vu sa magnifique chambre, elle ne ce rappela plus de ce qu'il c'était passée , et elle avait même très envie de revoir Jack, l'armoire en face d'elle était remplie de robe, et elle prit la plus étincelante de toute les robes , et l'essaya, ses long cheveux blond était lisse et remplie d'étoiles, quand elle sortie de sa chambre une fée apparue

- Bienvenu princesse Tulipe dit-elle
- Qui es-tu?Dit Tulipe
-Je suis la fée Sky , votre guide dans ce château Dit elle
- Le prince Jack est-il sincère avec moi? Demande Tulipe
- Il peux l'être comme ne pas l'être , ce méfiée du prince tu dois, car vengeance après lui même il doit vaincre dit la fée

Tulipe ne comprit rien au charabia de la fée qui disparut , Tulipe croisa Jack en descendant les escaliers

- Où allez-vous? Dit Jack
- Je vais la ou le vent me mène Dit Tulipe
- Le vent vous mène a dîner avec moi Dit il

Tulipe accepta et ils allèrent ensemble mangés , quand le repas fut finit, Jack demanda a Tulipe de le suivre

- Je veux que tu m'épouse Dit il
- Oh euh.. comment ça? Dit elle

Tulipe ne ce rappela plus de leur ancienne conversation a cause de la poudre que Jack lui avait soufflée sur le visage

- Alors je vais me répéter, je vous veux comme épouse Dit il

Jack savait que Tulipe ne ce rappelait plus de rien, et il en profita

- Je ne sais pas trop, cela me semble rapide dit elle
- Tulipe épouse moi!! cria Jack

Le temps d'un coup s'arrêta , jack était immobile, Tulipe était la seule a bougée d'un coup une voix retentit

- Je ne veux pas ton mal je suis la pour t'aider alors écoute moi attentivement dit la voix

Tulipe écouta attentivement

- Regarde avec ton œil noir, en cachant l'autre, il te montrera en ce monde les personnes ayant une bonnes ou une mauvaises âmes Dit la voix

Tulipe chercha d'où provenait cette voix , mais ne trouva pas, et d'un coup tout était a nouveau normale, Jack était encore la, a lui demander de l'épouser , tulipe ce cacha l'œil droit , au départ elle vue un peu flou, puis elle aperçue en face d'elle Jack..

C'était un monstre effrayant , Jack avait à présent des yeux rouges, des dents pointue et un visage remplie de cicatrices,et des petits êtres maléfiques au dessus de la tête , paniquée elle enleva sa main de son œil

- Qui es-tu vraiment Jack? Dit Tulipe

- Que dis tu? Je suis moi même! Dit jack

- J'ai vu ton âme et elle est mauvaise, tu es un démon Dit Tulipe

Jack sourit

- Ça ne devait pas ce passer comme ça , j'en suis désolé dit il

- Tu es désolé? Dit elle

- Tu n'était pas censée voir qui j'étais vraiment dit il

Tulipe essaya de partir , mais il n'y avait aucune issue autour d'elle, ils étaient tout les deux enfermées , le corps de Jack s'ouvra en deux, et il prit l'apparence de son âme , Tulipe prit peur

- Je m'en doutait tu as peur de moi Dit Jack

- Qui êtes vous vraiment? Dit tulipe

- Et bien, je suis celui qui t'as transmit cet œil noir dit il

- Le.. Prince noir? Dit Tulipe

- Lui même dit il

Tulipe ressentit un mal profond a son œil gauche

- Que faites vous? Arrêtez cela!!Cria Tulipe

- Tu es a moi, tu m'appartiens Dit il

- Laissez moi!! Dit Tulipe

- Tu ne pourra pas me résister encore longtemps, je te contrôle Dit il

La cicatrice de Tulipe grandie

- Arrêtez je vous en supplie Cria Tulipe

Tulipe cria, sa cicatrice grandie et Tulipe ce brisa comme un simple verre touts les morceaux du corps de Tulipe étaient sur le sol, le prince noir sourit, les morceaux ce transformèrent en fumée noires , et Tulipe reparue face au prince noir, elle était vêtue de noir de la tête au pied , ses cheveux était a présent noir, ses dents étaient pointue, et ses yeux était rouge, elle était effrayante

- Ma très cher Tulipe enfin Dit le Prince noir

Tulipe s'approcha du Prince noir, ils étaient a présent front contre front , le Prince noir glissa sa main sur la joue de Tulipe, qui s'y frotta , et il l'embrassa, touts les murs autour d'eux partir en fumée , et ils s'envolèrent touts les deux pendant quelques instant, après ce bisous Tulipe attrapa le prince noir par le cou

- Tu es étonnante Dit il

- Aide moi a devenir plus forte!Dit elle

- Tout ce que tu dois savoir ce trouve au fin fond de la foret noire Dit il

- Emmène moi la bas Dit Tulipe en serrant plus fort le coup du Prince noir

Le prince noir attrapa Tulipe par le bras, et la plaqua contre le mur en la prenant par le cou

- N'oublie pas que c'est moi qui te contrôle dit il

- L'élève dépasse toujours son maître dit elle

- Sauf si le maître tue l'élève dit il

- Je n'ai pas peur de vous dit elle

- N'oublie pas que je peux te prendre tes pouvoirs te les arrachées , et tu redeviendra une simple humaine sans pouvoirs dit il

- Je suis ma propre source de pouvoirs , je n'ai pas peur de vous et de votre supériorité je suis mon propre maître et ma propre voie dit elle
- Tu as raison, tu es ta propre source de pouvoir, ce pouvoir que je t'ai donner n'est qu'un supplément, si tu veux vraiment avoir l'entièreté de ton pouvoir cherche au fond de toi dit il
Tulipe voulue cherchée au fond d'elle,mais son cœur était vide, autant que son regard, et elle ce rendue compte qu'elle était devenue tout ce qu'elle détestait..

Chapitre 2
Comment s'aimer ?

Tulipe ferma les yeux , et pour la première fois de sa vie elle crue en elle

- À quoi tu penses ? dit le prince noir

Tulipe ouvrit les yeux, et regarda le prince noir

- je veux aller dans la forêt noire dit elle

À ces mots, tous les murs autour d'eux disparurent, à présent ils étaient tous les deux sur une longue route éclairée par la lune, Tulipe regarda la lune, et tout d'un coup la lune tomba tels une étoile filante dans la main de Tulipe, la lune était à présenter un collier, Tulipe le mit autour de son cou et serra le collier dans sa main, et la moitié de la lune devint noire

- Tu es comme la lune et le soleil, une fois que le bien et le mal ne font qu'un ils se battent pour régner dit le prince noir

Tulipe sourit et ils avancèrent sur la longue route qui était à présent sombre, d'un coup des lampes éclairèrent la route, les arbres tout autour commencèrent à bouger au rythme du vent , ils y avaient à présent plein d'ombres sur le sol, Tulipe et le prince noir méfiant, évitèrent de les touchées, mais tout d'un coup Tulipe trébucha, et toucha une ombre sur le sol, et toutes les ombres disparurent, quand Tulipe se releva, elle vue devant elle, une ombre qui était en train de prendre son apparence

- Quel est ce maléfice ? dit tulipe

- Je n'en sais rien, mais méfions-nous dit le prince noir

- Quittez cette forêt ou je volerais vos ombres et vous finirez sans repères dit l'ombre

- Qui êtes-vous ? Dit Tulipe

- vous n'êtes pas les bienvenus ici vous êtes dans la forêt des ombres dit l'ombre

Le prince noir s'avança face à l'ombre, et passa sa main à travers l'ombre, ce n'était qu'une illusion..

.- Quelqu'un essaye de nous faire peur dit le prince noir

l'ombre avança, passa à travers Tulipe et disparut, Tulipe était à présent recouvert de cicatrices, le prince toucha la joue de Tulipe, et toutes les cicatrices disparurent

- Ne t'en fais pas, bientôt l'immortalité nous appartiendra dit le prince noir

-l'immortalité ?dit Tulipe

-Une prophétie raconte que dans la forêt noire, il y a un chemin secret qui mène au tronc doré dit le prince noir

- Au tronc doré ? dit tulipe

-Oui, si on trouve le tronc doré, on trouve l'immortalité dit le prince noir

- Et votre but et de le trouver ? dit Tulipe

- Si cette prophétie est réelle je veux le voir de mes propres yeux dit le prince noir

-Ou se trouve la forêt noire ? dit tulipe

- Droit devant dit le prince noir

Tulipe leva la tête, et regarda devant elle, elle vue le début de la forêt noir, de l'enfer...

- Il y aura sûrement des énigmes dit le prince noir

- Je suis prête à y répondre dit Tulipe

- Ce sera sûrement risquée dit le prince noir

Allons-y dit Tulipe

Ils avancèrent donc vers l'enfer, tout était sombre autour d'eux, d'un coup une fée rouge apparue et s'approcha de Tulipe

- Bonjour, Princesse Tulipa, la première énigme est la suivante : " Quel perle glisse sur le vert de la forêt, brille sous l'éclat du soleil, et tombe parfois d'un ciel étoilé." dit la fée rouge

- je pense que la réponse est la pluie, car sous l'éclat du soleil une goutte d'eau brille comme une perle dit Tulipe

Suite à cette réponse, la fée lança sur la forêt en face d'eux , de la poudre, et les arbres s'écartèrent pour frayer un chemin pour que Tulipe et le prince noir puissent passer à travers cette forêt noire, ils avancèrent et le chemin derrière eux se referma, ils étaient à présent dans la forêt noire, en face d'eux il y eut un panneau « l'esprit provoque le désastre »

- Nous ne devons pas nous fier à notre esprit, mais à notre cœur dit le prince noir

- et si nous écoutons notre esprit ? dit Tulipe

- Ce sera le désastre dit le prince noir

- Alors écoutons notre cœur dit Tulipe

Ils avancèrent dans la forêt, quand Tulipe toucha le panneau, il brûla, et deux chemins apparurent, un chemin d'eau noire, et un chemin d'eau blanche

- nous devons écouter notre cœur, j'espère qu'on ne sera pas séparées dit Tulipe

Mon cœur me dit d'aller vers le chemin d'eau blanche dit le prince noir

Tulipe prit la main du prince noir, et ils passèrent ensemble le chemin d'eau blanche, arrivée de l'autre côté, tout semblait détruit, ils étaient face à une église en ruine, plus ils s'approchaient de l'église puis elle reprenait forme, d'un coup la porte s'ouvra et tulipe et le prince noir furent propulsés à l'intérieur, et la porte se referma derrière eux

- Ça doit être une énigme ou un test, soyons prudents dits le prince noir

tout d'un coup une ombre étoilée apparue elle avait les yeux bleus aux couleurs de l'océan

- Bienvenue, je suis le dieu des ombres étoilées dit-il

- qu'attendez-vous de nous ? dit elle

- je n'ai qu'une seule question, qu'est-ce qui est noir une fois détruit, mais rouge une fois reconstruit dit l'ombre

- le cœur, en étant brisée il est détruit et peut devenir noir en Faisant le mal, il est rouge d'amour pour les gens qu'on aime, et se reconstruit face au vrai amour dit le prince noir

Tulipe regarda le prince noir émerveillée, l'ombre remplie d'étoile, se changea en étoile filante et retourna dans le ciel, le sol commença à trembler, des escaliers étincelants apparurent, tulipe et le prince noir descendirent les escaliers, arrivées en bas, il y eut devant eux une porte avec un œil noir et un œil brun barrer, comme les yeux de Tulipe

- je pense savoir dit Tulipe

Elle cacha son œil droit, ouvrit la porte et entra, le prince noir se transforma en brume noire, et entra à son tour, tout était détruit devant eux, plein de petits êtres aux ailes noires volèrent dans la pièce

- si je regarde avec l'œil droit il se passe quoi ? Dit Tulipe

- ne fais pas ça dit-il- pourquoi ? dit Tulipe

- Parce qu'ils pourraient nous voir, nous sommes dans les Ténèbres, nous cachons notre bonne âme par la mauvaise dit le prince noir

Ils avancèrent ensemble à travers la pièce, les petits êtres aux ailes noires jouèrent entre eux, Tulipe commença à avoir mal à son œil gauche, et le ferma et...inconsciemment ouvrit son œil droit

- Tulipe ! Dit le prince noir

Tous les petits êtres étaient devenus invisibles pour elle, mais elle ne l'était pas pour eux, ils commencèrent à l' attaquée en la mordant le prince noir essaya d'aider Tulipe mais sous forme de brume il ne pouvait rien faire il n'avait aucun pouvoir, Tulipe continua de se faire mordre et se replia sur elle-même, elle était à présent ensevelie par tous les petits êtres, d'un coup une lumière blanche apparut au milieu de ce tas de petites créatures, la lumière grandie encore et tous les petits êtres furent propulsés loin de Tulipe.

Quand elle se releva elle avait à Présent, les yeux blancs, les petits êtres avaient disparu, elle regarda le prince noir, et s'évanouit. il la rattrapa, et l'embrassa, il y eut un énorme tremblement de terre, du vent, et une sorte de magie les transperça, quand Tulipe ouvrit les yeux, le prince noir fut étonné Tulipe avait un œil noir l'autre blanc, tulipe toucha la joue du Prince noir, et il y eut une mini Étincelle, les yeux du prince avaient changé, un était brun l'autre rouge, Tulipe sourit et le prince noir se demanda pourquoi.

- nous pouvons réussir dit-elle

- Réussir? A quoi ? Dit-il

- À vaincre les ténèbres dit-elle

le prince noir ne compris pas ce que Tulipe était en train de dire, alors elle montra un miroir au prince noir pour qu'il se regarde dedans, le prince noir, alla voir, et il fut étonné, il prit peur et se demanda comment c'était possible, et regarda Tulipe effrayé

- J'ai passé ma vie dans les ténèbres, je ne suis pas prêt à aller vers la lumière dit-il

- Tu te rappelles quand nous avons passé ensemble le chemin d'eau blanche ? Dit elle

- Oui, je m'en souviens dit-il

- Tu avais écoute ton cœur, et la part de lumière en toi dit Tulipe

- Tu as sûrement raison dit-il

- tu as comme moi, le bien et le mal dans tes yeux dit elle

une porte apparue tout d'un coup, un dessin était sur celle-ci, c'était un stylo bleu

- Encore une autre énigme dit le prince noir

- Nous allons encore la réussir dis Tulipe

ils s'avancèrent vers la porte, et la passèrent, une fois a l'intérieur, ils aperçurent le stylo bleu poser sur une table, tulipe s'avança confiante, et au moment où elle voulue prendre le stylo, il disparut et réapparut au-dessus du prince noir

- il est au-dessus de toi! dit Tulipe

le prince noir regarda au-dessus de lui mais trop tard, le stylo bleu disparu à nouveau et se retrouva près du mur

- comment doit-on faire dis Tulipe

Le prince noir courra pour essayer d'attraper le stylo qui disparut à nouveau au pied de

tulipe, elle le vue et fit semblant de rien et marcha dessus, au moment où elle voulut l'attraper il disparut, et apparu à nouveau au-dessus du prince noir, il tapait des mains en l'air et attrapa le stylo.

Une fumée bleue sortit des mains du prince noir, et de panique il les ouvrit, et le stylo tomba, la fumée grandie encore et encore, puis quand la fumé disparu, il y eut une jeune fille brune, aux cheveux bouclés portant une robe bleue, la même couleur que le stylo...

- bonjour...dit Tulipe

- Oh merci mille mercis dit la femme

- mais... de quoi? dis le prince noir

- de m'avoir délivré de cet enchantement dit elle

- vous Étiez le stylo ? dit tulipe

- Oui je l'étais mais grâce à vous je suis libérée, je ne sais même plus comment cela est arriver j'étais en quête d'un tronc doré et je me suis retrouvée transformée en stylo dit elle

- oh nous cherchons aussi ce tronc ! dit Tulipe

le prince noir se méfia un peu, car ce stylo du moins cette fille pouvait être mauvaise...

- Au fait je m'appelle Rose, et je pense savoir où se trouve le tronc doré dit rose

Tulipe regarda le prince noir lui prit la main, et ils suivirent Rose, le mur disparu et face à eux il y eut un énorme château avec d'énormes montagnes, mais pour arriver jusqu'à lui il fallait traverser un pont assez délabrée, du moins très ancien

- Un par un nous allons traverser ce pont dit Rose

-Tulipe passe devant , je fermerais la marche dis le prince noir

Tulipe avança lentement, et ce tenant aux cordes pour ne pas tomber Arrivée de l'autre cotée elle fit un signe de la main pour que Rose passe à son tour, puis le prince noir, quand enfin chacun eut passé le pont,il disparut, et en face d'eux le château avait disparu aussi, il était de l'autre côté... a l'endroit où ils étaient il y a quelques secondes

- ne vous laissez pas avoir par ce mirage c'est un piège, nous devons continuer dit Rose
ils continuèrent leur chemin et passèrent sans le voir, un voile, qui cachait le château,
Tulipe recula et n'aperçut plus le château, quand elle avança à nouveau , elle l'aperçue a nouveau

-C'est... étrange dit elle

- c'est pour protégée le château dit Rose

Ils continuèrent d'avancée, ils arrivèrent dans un village où tout semblait éteint... sans vie

- Que s'est-il passée ici dit le prince noir

- Ils ont tous été oubliée, et sont mort de solitude dite Rose

Ils continuèrent à avancer,en avançant, tout semblait revivre, les gens commencèrent à apparaître, et à faire leurs courses comme si de rien n'était

- D'où viennent-ils dit le prince noir

-Ils ne sont pas réels du moins plus maintenant, on nous raconte leur histoire dit Rose

-Leur histoire dit Tulipe

- Comment ils sont morts... dit Rose- Mais ils sont mort de solitude comme tu as dit ils ont été oubliés dit Tulipe

- Je t'ai dit ce que j'ai entendu, on a l'occasion de savoir, alors regardons ce qu'il sait passer ici dit Rose

les gens continuèrent à acheter, vendre, et rire ensemble. Quand tout d'un coup le sol trembla, tous les villageois paniquèrent et allèrent se cacher, des ombres apparurent de tous les côtés, quand une ombre toucha un villageois, un oiseau apparu sur son poignet, et le soir l'oiseau leur brûla la peau et les transforme à leur tour en ombre, la plupart avaient été touché mais ne le savaient pas

Chapitre III

Vivre ou mourir

- Nous devrions les prévenir dit Tulipe

- L'histoire est racontée, on ne peut rien changées aux passées, je pense dit Rose

Tulipe espérait pouvoir aider les villageois, mais ne trouva aucune solution, Rose s'avança se mit à genoux, et tout d'un coup le temps s'arrêta

- Rose que fais-tu ? dit Tulipe

mais Rose ne répondit pas, elle était concentrée, le temps recula, ils étaient en train de retourner dans le passée pour sauver les villageois et qu'aucun ne soit touché par la malédiction, rose se releva

- Et voilà, comme si de rien n'était dit Rose

- Les ombres vont revenir Dit Tulipe

- Comment peut on les aidées dit le prince noir

Rose tendit une main vers le groupe de villageois et dit "' cachés vous, où vous finirez sans repères et brûlerez dans les flammes de l'enfer " les villageois cherchèrent d'où venait la voix sans succès, ils écoutèrent les mots de Rose et se cachèrent en fermant les portes et fenêtres de leur maison, sans laisser la lumière passée, car sans lumière il n'y a pas d'ombres, quelques villageois qui n'avaient pas écouté les conseils de Rose furent touchées et emportés par les ombres avant de disparaître avec la marque de l'oiseau sur le bras, les autres sortirent sains et saufs et dirent "Merci de nous avoir sauvées " et disparurent dans une fumée blanche et le temps redevint normal

- Félicitation, mais pour trouver le tronc doré, le cœur des enfers doit reprendre sa place dit une voix

- le cœur des enfers ...? dit le prince noir

- Le tronc doré ne s'ouvrira qu'en présence de sa clé dit la voix

- Une clé ? Quelle clé dit le prince noir

- Nous devons trouver le cœur des enfers et le remettre à sa place pour trouver la clé dit le prince noir

- nous ne savons même pas où il se trouve Dit Tulipe

- Sûrement dans le château dit le prince noir

Ils avancèrent ensemble jusqu'au château, le pont-levis s'abaissa , et ils continuèrent leur chemin, un homme apparut de nulle part, comme si la venue de Tulipe et du prince noir et Rose étaient écrites

- Bienvenue au château écarlate dit l'homme

L'homme arrêta son regard sur Rose, comme si... il la connaissait

- Princesse Rosa ? Est-ce vous après tout ce temps ? Dit-il
l'homme attrapa la main de Rose, regarda son poignet, et vu un oiseau rouge comme le sang

- Tu es bien la princesse ! Dit-il

- Je pense que vous, vous trompez de personne dite Rose

- Que ce passe t'il ici? Dit le prince noir

- Vous avez à vos côtés la future reine écarlate dit l'homme

- S'il vous plaît, aidée moi dit Rose

L'homme emmena Rose dans le château, Tulipe et le prince noir essayèrent d'entrée, mais les soldats ne le laissèrent pas passés

- Laissez-nous entrées! dit Tulipe

- On ne peut pas dirent les gardes

- Et pourquoi donc ? Dit Tulipe

- Car la future reine, ne doit pas être dérangée, sinon l'enfer n'aura pas son nouveau cœur dit le garde

- Le cœur ? dit le prince noir

- Rose est le cœur des enfers, c'est pour ça qu'elle savait contrôler la passée et les ombres dit Tulipe

- Si l'enfer récupère son cœur, le bien ne l'emportera pas Dit le prince noir

Tulipe essaya de passer en poussant les gardes sans succès, le prince noir se changea en brume noir, toucha les gardes qui tombèrent, et ils entrèrent alors dans le château, le prince noir reprit son apparence normal, plus ils avancèrent dans le château plus l'air devenait lourde, et glacial, ils se doutèrent que l'enfer n'était pas loin, une porte apparue en face d'eux , remplie de flammes, ils commencèrent à paniquer, sans hésitation ils passèrent la porte, en face d'eux, d'énormes Rochers pointus, de la lave et du feu tout était rouge autour d'eux, c'était le début de l'enfer, quelques rochers tombèrent de temps en temps, ils continuèrent d'avancer en faisant attention de ne pas tomber ou glisser, ils regardèrent en face d'eux, et aperçurent Rose assise sur une chaise rouge

- Rose enfin! Dit Tulipe

Mais Rose ne répondit pas, elle était comme dans une sorte de transe, Tulipe s'avança d'un peu plus près Roses leva la tête, son regard était rouge ses dents pointues, à présent, elle était la reine des enfers...

- Rose..., que s'est-il passée ? Dit Tulipe

- Ne vois-tu pas qui je suis ? Prosternes-toi devant moi ! Dit Rose

- Tulipe, son cœur appartient aux enfers, il n'y a plus de bien en elle dit Le prince noir

- C'est impossible, elle était si gentille... Dit Tulipe

- c'est son destin dit le prince noir

- Ça suffit ! cria Rose

elle claqua des doigts, et Tulipe fut obligés de se prosterner, le prince noir, résista...

- Qui es-tu pour oser me résister ? Dit Rose

Le prince noir ne répondit pas

- Je t'ai demandé quelque chose dit Rose en claquant des doigts beaucoup plus fort qu'avant

Le prince noir récupéra ses yeux rouges

- Arrêtez cria Tulipe

Rose claqua plus fort des doigts et le prince noir se transforma en brume noir

- Prenez- moi à sa place et laissez-le ! Dit Tulipe

Rose apparut en face de Tulipe

- Qu'a tu a m'apportez Dit Rose

Tulipe ce leva, le prince noir sous forme de brume ne sut quoi faire, Rose sourit

- Allez-y, claquée des doigts sur moi Dit Tulipe

Rose hésita mais après réflexion, elle claqua des doigts, Tulipe se brisa comme la dernière fois, et réapparus vêtus de noir, ses cheveux étaient à nouveau noirs, ses dents pointues et ses yeux rouges

- Tient donc, tu es... spéciale le mal règne au fond de toi, mais le bien se bat contre lui, je devrais te tuer, tu as l'air bien plus puissante que moi dit Rose

- Ne la touchez pas, je suis celui qui lui a transmis cette malédiction dit le prince noir

- Je m'en contre fiche de ce que tu as fait dit Rose en propulsant Tulipe contre le mur

Le prince noir s'énerva, et se transforma en une énorme bête, un espèce de gros gobelins jaunes, rose claqua des doigts à nouveau , Tulipe cria c'était un bruit assourdissant, perçant... le gobelin s'avança vers Rose et l'attrapa, il la serra dans sa main de toutes ses forces mais rien ne se passa

- Je suis déjà morte Dit Rose

le gobelin jaune la lâcha, et essaya d'aller vers Tulipe, mais elle n'était plus là, elle avait disparu, ou était passée Tulipe . Que s'était-il passée, le gobelin se retransforma en prince noir

- Ou est-elle ? Cria le prince noir en cherchant partout

Rose sentie quelque chose en elle, de puissant

- Elle est morte dite Rose

Le prince noir s'énerva, les rochers tombèrent dans la lave, le feu grandit, et l'air se réchauffa, une énorme pierre au-dessus de Rose tomba, elle l'esquiva de justesse, tout était en ruine, ils devaient vite sortir de là, le prince noir sorti, mais aucune trace de Rose, le prince noir à nouveau dans le château, chercha Tulipe pour lui, elle n'était pas morte, elle était quelque part dans le château, il aperçut une ombre sur le mur, il l'attrapa et lui demanda ou était Tulipe, mais l'ombre n'en savait rien il la relâcha et elle disparut, le prince noir aperçut de la poussière noire avec des éclats blancs sur le sol, alors il suivit les traces, longea les couloirs, et arriva devant une porte avec un tronc dorée, le prince noir n'hésita pas une seule seconde et rentra, en face de lui il ni eut rien, c'était le néant, tout était blanc, il chercha la porte par laquelle il était arrivé là, mais elle avait disparu, alors il chercha quelque chose, un indice, quelque chose pour sortir de là, il chercha sur le sol, et aperçu différentes fleurs, il y avait des roses, tulipe et des lilas, il ne marcha que sur les tulipes, car Tulipe lui manquait, il avança doucement en ne ratant aucune case, et une porte apparue, il ouvrit la porte et aperçue Tulipe assise et attachée immobile le regard vide, il essaya de la détachée mais fit repousser, il retenta encore et encore mais fut toujours repoussé

- Tulipe cria-t-il

Mais elle n'avait pas l'air de l'entendre , ni même de le voir

- Tulipe, je suis là avec toi tu n'es pas seule dit le prince noir

Il avança, et essaya à nouveau de touchés Tulipe, il fit repousser, mais força et ne s'arrêta pas, et il arriva à toucher la main de Tulipe, qui ouvrit les yeux

- Est-ce bien toi ? Dit – elle

- Oui, c'est moi, je suis venue te sauver dit-il

- Je suis morte, tu ne peux rien y faire Dit-elle

Le prince noir ne lâcha pas Tulipe, il retira une part de son âme et de son cœur, pour le donner à Tulipe qui fit secouer

- Tu es à présent la moitié de mon cœur et de mon âme dit le prince noir

Elle se leva, s'envola quelques Instants, récupéra ses cheveux blonds, ses yeux étaient à nouveau bruns, elle sauta dans les bras du prince noir et l'embrassa, tout disparut autour, ils n'y avaient plus qu'eux, le reste n'existait pas, ils étaient dans leur bulle

- Tu m'as sauvée ! Dit-elle

Le prince noir serra Tulipe dans ses bras

- Nous devons trouver ce tronc, pour être heureux à jamais ensemble dit-il

- nous pouvons vous aider dire 2 fées

Tulipe leva la tête et Aperçue 2 fées argentées

- Nous sommes les gardiennes de ce tronc, nous le protégeons depuis des années dirent-elles

- Nous devons le trouver dit le prince noir

- Savez-vous le point commun du soleil et de la lune ? Dit une fée

- Ils se battent ensemble pour illuminer le monde dit Tulipe

- Ils fusionnent ensemble une fois tous les ans pour faire perdurer leur amour, la lune change parfois de couleurs pour exprimer son amour au soleil dit le Prince noir

- Cet exact ! Dit la fée

Une des fées se changea en soleil, l'autre en lune et elles envolèrent en tournant dans le ciel , pour retomber d'un coup en s'enfonçant dans le sol, il y eut un tremblement de terre, quelques étincelles apparurent , Tulipe et le prince noir regardèrent le sol, quelque chose était en train de sortir, il y eut une petite pousse dorée qui commença à grandir encore et encore

- Nous y sommes presque Dit le prince noir émerveillé

Le tronc était en train de prendre forme, il était enfin là...

- Nous avons réussi ! dit le prince noir

il essaya de rentrer dans le tronc noir mais il fut repousser

- Sacrifiez-vous, pour mériter votre passage vers l'immortalité dit une voix

Tulipe vu une espèce de fontaine vide avec un morceau de verre, et se coupa, du sang coula jusqu'à l'arbre et des lignes blanches Apparurent, le prince noir s'avança près de Tulipe, et se coupa à son tour, le sang coula jusqu'à l'arbre, et des lignes noires apparurent, Tulipe et le prince noir commencèrent à avoir mal à leur bras, Tulipe regarda son bras, et sa cicatrice se referma, et un tatouage apparut, c'était une main qui tenait le soleil, le prince noir avait le même sauf que la main tenait la lune

- Qu'est-ce que c'est que ça ? Dit Tulipe

- À vous deux, vous est le jour et la nuit dit une voix

- C'est ce que ces tatouages signifient ?Dit Tulipe

- Ils vous représentent, le bien et le mal sont en vous dit une voix

Le prince noir et Tulipe avancèrent ensemble à travers le tronc d'arbre qui s'illumina de plus en plus, une fois a l'intérieur, une voix retentit

- Un seul dit la voix

- Un seul ? Dit le prince noir

- Une seule personne, peut devenir immortelle dit la voix

- Nous le voulons tous les deux ! Cria le prince noir

- Une seule personne ! Dit la voix

- Alors je ne veux pas Dit le prince noir

- j'accepte, mais à une seule condition dit Tulipe

- Je t'écoute dit la voix

- Je veux que nous ne fassions qu'un dit tulipe

- NON ! cria le prince noir

Mais trop tard, le tatouage se rassembla, la lune et le soleil se rassemblèrent pour devenir une éclipse... des étoiles volèrent tout autour le prince noir et Tulipe fusionnèrent ensemble, les étoiles explosèrent comme des feux d'artifice, et dans toute cette fumée, un garçon apparut aux mèches blondes d'un coté et brune de l'autre, il avait un tatouage avec une main qui tenait le soleil et la lune, il avait un œil brun et un œil blanc aux éclats rouge, il n'y avait plus qu'une seule personne, Tulipe et le prince noir ne faisaient qu'un, le garçon sortit du tronc

- Ou sont les deux autres ? Dit la voix

le corps du garçon se métamorphosa en Tulipe puis en prince noir

- Oh... je ne m'y attendais pas Dit la voix

Une fée verte aux éclats bleus apparut

- Je suis la voix que tu entendais, je m'appelle Bluea, je suis une gardienne, et tu as été choisie Dit-elle

- J'aimerais que nous récupérions chacun nos corps Dit le garçon

- Je ne sais pas si cela est possible dit Bluea

- ils veulent ce mariée dit le garçon

- Peut- être qu'il y a un moyen Dit-elle

- Nous devons le trouver ! Dit le garçon

- Avançons-nous trouverons peut-être la solution en chemin Dit-elle

Ils sortirent du château par-derrière et arrivèrent dans le jardin, face à eux , il y avait un jardin gigantesque, c'était un énorme labyrinthe

Face à l'énorme labyrinthe, le garçon et la fée réfléchissaient,

- Avançons en faisant attention dit Bluea

Ils avancèrent dans le labyrinthe, en longeant les longs chemins, ils entendirent des voix, a l'intérieur des buissons, qui longeait les longs chemins, mais n'y portèrent pas attention, soudain face à eux, ils y eu 2 chemins, l'un était plein de feuilles colorées, l'autre était remplie de sécheresse

- Parfois, il y a plus de mal dans le bien, que de bien dans le mal dit la fée

- Prenons le chemin, rempli de sécheresse et de tristesse dit le garçon

Ils avancèrent ensemble à l'intérieur du chemin, tout d'un coup, tout changea

- Que ce passe t-il dit la fée

- Je pense que nous allons dans une autre partie du labyrinthe dit le garçon

Face à eux, à présent, il y avait 4 éléments qui venaient d'apparaître, l'eau, la terre, le feu et l'air

- Une épreuve... Dit la fée

Ils regardèrent autour d'eux, a la recherche d'indices, ils aperçurent de l'herbe sur un tronc, et la posèrent sur la terre, et une fleur apparue, elle s'ouvra, et un morceau de bois apparut, ils le jetèrent dans le feu, et une étincelle enflammée apparue, ils la posèrent à côté de l'eau, ce qui créa un arc-en-ciel, mais rien n'apparut sur celui-ci

- Ils nous manquent quelque chose pour l'air ! dit le garçon

Bluea passa dans l'arc-en-ciel et tourna au-dessus de l'air, des étincelles remplies de couleurs tombèrent dans l'air

- Merci de nous avoir libérées dire les voix

Ils levèrent la tête et aperçurent plein de fées, qui leur montrèrent un jardin secret, le sol s'ouvra, et des escaliers apparurent

- Le chemin vers la deuxième chance de votre vie est par là... dirent les fées

- Seconde chance ? dit le garçon sans comprendre

Ils avancèrent ensemble à travers le chemin qui venait d'apparaître, ils aperçurent sur le mur, plein de dessins, ou deux personnes fusionnaient ensemble, c'était digne du vrai amour

- Est-ce Tulipe et le Prince noir, tout cela était-il écrit ? Dit le garçon

La fée regarda le mur

- Un être pur qui a été maudit par l'être noir, et l'être noir , s'aimant l'un et l'autre finissant par ne faire qu'un, pour rompre ce sortilège, ils doivent s'aider dit la fée

- C'est n'importe quoi dit le garçon

en regardant plus loin sur le Mur, ils aperçurent un être qui en se divisant, releva 2 personnes.

- C'est sûrement ce que nous recherchons dit le garçon

- rien n'indique la solution ... dit la fée

- Ils doivent s'aider pour se diviser dit le garçon

- À l'endroit où tout règne, vous trouverez la reine des cieux dit la fée

Le garçon regarda le mur, il aperçut de hautes montagnes jaunes, avec des maisons sur les nuages
- nous devons trouver la reine des cieux dit le garçon

Ils continuèrent d'avancer en regardant le mur, une fois au bout du chemin, ils se retrouvèrent face à deux portes, une porte indiquant un décor abandonné, avec des maisons délabrées, et une porte indiquant des nuages, le garçon n'hésita pas et alla vers la porte aux nuages, mais la fée l'arrêta

- Tu as déjà oublié, l'esprit provoque le désastre tu ne dois jamais écouter ta tête Dit la fée

- Mais... nous devons prendre la porte au nuage ! Dit le garçon

La fée prit le nuage sur la porte, et le posa sur le sol, et le nuage grandit

- Viens, monte ! Dit la fée

Le garçon se posa sur le nuage, qui s'envola, après quelques minutes il s'arrêta

- Qui êtes-vous? Dit un homme aux ailes blanches

- Je suis la fée Bluea et vous . Dit elle

- je me nomme Peter dit l'homme

Peter regarda le garçon

- Je m'appelle Terence dit le garçon

- Que faites vous ici ? Dit Peter

- Nous cherchons la reine des cieux, pour faire de nos vies, un rêve merveilleux dit la fée

Peter souffla, et le nuage continua de monter plus haut

- Faites attentions aux prochaines épreuves, lors de votre montée vers les cieux dit Peter en partant

Une boule verte apparut

- La fusion de 2 êtres forme une magie puissante, surtout quand l'amour qui les unis est unique dit la boule verte

- Nous voulons que Tulipe et le prince noir soient séparés dits la fée

La boule verte se mélangea au nuage, qui devenu vert

- Nous sommes les gardiennes du ciel, pour que le nuage continu sa montée sans s'arrêter, il va falloir nous dire ce qu'il y a plus bas Dirent 2 fées

- Plus haut, au-dessus de nous il y a les cieux, et plus bas, il y a les anciens Dieux dit Terence

Les fées disparurent en tournant autour du nuage qui changea à nouveau de couleurs, pour devenir rose aux éclats blancs, le nuage s'accéléra d'un coup , puis, s'arrêta et disparu, Terence et Bluea étaient à présent devant une grande barrière, derrière celle-ci il y avait un grand bâtiment blanc

- Nous sommes enfin arrivées ! Dit la fée

Mais les barrières restèrent fermer, quelqu'un apparu près de la barrière et dit

- Bienvenu a l'au delà des cieux, posée votre main sur la barrière afin d"être jugée Dit quelqu'un

Terence et la fée posèrent leur main sur la barrière, l'endroit ou la fée avait posé sa main, était devenu tout en or , du côté de Terence elle était noire aux éclats dorés

- C'est comme si deux personnes étaient en vous dit la personne

- C'est le cas, nous sommes ici pour les séparer dit la fée

- Le mal ne passera pas cette barrière Dit-il

Terence retoucha la barrière qui était à présent dorée aux éclats noirs

- Comment...? Dit-il

- Le bien et le mal sont en lui, et l'un se bat contre l'autre dit-elle

les barrières disparurent, et ils avancèrent, la fée passa facilement, mais Terence eut du mal, plus il essaya d'avancer, plus il sentit quelques choses ce détacher de son corps, il fit un grand pas, et arriva à avancer jusqu'à la fée, quand il se retourna il aperçu un grand tas de fumée

- Qu'est-ce que c'est ?..Dit la fée

-c'est le mal qui était présent dans Tulipe et le prince noir, comme le mal ne pouvait pas rentrer ici, il a été détacher de Terence dit-il

Ils continuèrent d'avancée , face à eux, il y eut le grand bâtiment blanc possédant deux grandes statues représentant des personnes, les murs étaient un peu brun clair, une fois arriver devant la grande porte, une petite porte s'ouvrit

- Quelle est votre quête ? dit une voix

- Notre quête est de séparer ce qui a été fusionner dit la fée

La grande porte s'ouvra, mais il ni eut personne, face à eux il y avait un long et grand escalier aux dessus d'eux, le plafond était rempli d'étoiles, et sur les cotés il y avait différentes portes, chacune possédant une image différente

- regarde sur celle-ci il y a une perle dite Terence

- Il doit sûrement y avoir une porte indiquant comment séparés 2 corps dit la fée

ils passèrent à cotés de plusieurs portes, (gouttes d'eau , château, robe noire, forêt, œil noir, créatures) mais aucune n'indiquait la séparation

- Peut-être que nous trouverons la solution en montant les escaliers dit la fée

Ils montèrent les escaliers, qui paraissaient sans fin , ils aperçurent en levant la tête au bout des escaliers , une porte avec un tronc dorée

- Là-bas ! Dit la fée

Ils commencèrent à courir, après 10 minutes ils ce rendirent compte qu'ils étaient en train de faire du sur place

- Nous n'avançons pas Dit Terence

La fée redescendit et toucha chaque image sur chaque porte certaines à la touchée s'illuminait

- Je pense que les images sont associées l'une à l'autre, nous devons les associées dit la fée

Bluea toucha la perle, et Terence toucha la goutte d'eau , et la porte avec un tronc doré descendit avec les escaliers

- Nous devons associer plus d'images pour faire descendre les escaliers et la porte dit Terence

Terence toucha le château et bluea toucha la famille, et ainsi de suite , jusqu'à ce que la porte soit accessible

- Fais attention , on ne sait jamais ce qu'il pourrait se passer une fois de l'autre côté dit la fée

Terence s'avança et toucha la porte qui disparut, quand il regarda autour de lui, il n'aperçu plus les autres portes

- Ou sont-elles passées ? Dit-il

- Vous pensiez que ça allait être si facile ? dit une voix

- Qui est-ce ? dit Bluea

la porte réapparu

- Pourquoi voulez vous passer cette porte ? dit la voix

- Pour séparer ce qui a été fusionner dit la fée

- Bonne chance à vous dit la voix

Ils passèrent la porte, après quelques instants, ils se retrouvèrent face au tronc doré

- Un seul... Dit une voix

- Nous ne sommes pas là pour devenir immortel, mais pour séparer ce qui a été fusionner dit la fée

- Si je le fais, quelqu'un devra mourir et j'absorberais son énergie dit la voix

- Mais tulipe et le Prince noir ne doivent pas mourir Dit la fée

- Celui qui possède deux corps en lui, devra mourir dit la voix

- Je leur donne une deuxième chance d'être heureux alors j'accepte ! Dit Terence

À ces mots, le tronc s'agrandit pour devenir un gigantesque arbre aux immenses branches, celles-ci attrapèrent Terence, et le serrèrent, Terence n'hurla pas, il lâcha un dernier sourire avant d'être réduit en cendres, une lumière jaune sortie des cendres et fut absorbé par le gigantesque arbre qui ce retransforma en tronc

- Ou sont tulipe et le Prince noir? Dit la fée

Les cendres sur le sol commencèrent à tourner, de plus en plus vite et du brouillard apparut

- Je ne vois plus rien Dit-elle

Des lumières apparurent dans le brouillard , plein de couleurs différentes explosaient dans tous les sens, d'un coup, le brouillard se dissipa, au loin la fée aperçut deux ombres, la fée s'avança et aperçut un garçon tenir la main d'une fille , ils s'enlacèrent, la fée continua d'avancer et aperçu Tulipe et le prince noir sain et sauf

- Vous êtes de retour ! dit la fée

- Rendons hommage à Terence, qui nous a permis d'être à nouveau la dit tulipe

Le prince noir passa sa main au-dessus des cendres, et une tombe blanche apparut, et tulipe fit apparaître plein de fleurs jaune sur la tombe

- Merci de nous avoir aidées dirent-ils

Tulipe essaya de ne pas pleurer

- S'il te plaît, ne Ne pleure pas, tu sais bien ce qui se passe quand tu pleures dit le prince noir

Tulipe se contrôla, le prince noir lui prit la main

- N'oublie pas, que je peux éteindre tes émotions...
Mais tulipe ne répondit pas, la fée les fixa

- Qu'allez-vous faire maintenant ? Dit-elle

Le prince noir mis un genou à terre, il prit une tige assez petite et la noua au doigt de Tulipe

- Je t'ai souvent contrôlée, blesser, mais j'ai finit par t'aimer, je te promets que cette tige deviendra la bague qui nous unira non pas pour la vie, mais pour l'éternité si tu m'acceptes comme époux dit le prince noir

Tulipe se méfia quand même un peu, car le prince noir la connaissait mieux que personne. Il pouvait même rentrer dans sa tête

- C'est si magique dit la fée

- J'ai aussi appris à aimer le démon qu'il y a en toi, mais j'aime surtout la personne que tu es, même si je me méfie, je ne peux te dire non dit tulipe

Le prince noir ce leva, et embrassa Tulipe, en la serrant dans ses bras

- Retournons à la forêt de perle dit le prince noir

- Je ne connais pas le chemin dit Tulipe

La fée se frotta les mains et des petites étincelles colorées apparurent

- Suivons-les ! Dit la fée

Ils suivirent les étincelles, après quelques minutes, ils se retrouvèrent dans une forêt assez sombre, le ciel était caché par les branches d'arbres

- Cet endroit me rappelle quelque chose... Dit Tulipe

- Cet forêt ressemble à la forêt des ombres en plus terrifiant dit le prince noir

D'un coup Bluea cessa de briller et perdit ses ailes Tulipe la rattrapa

- Cet endroit absorbe la magie dit la fée

- Comment ça? dit Tulipe

- Je n'ai plus de magie, ni d'ailes dit la fée

ils regardèrent alors devant eux et aperçurent, un énorme brouillard noir, face à eux, étant obligées d'avancer, ils s'aventurèrent dedans..

- Faites attentions dit le prince noir

- Cet chose , ce brouillard.. il absorbe toute mon énergie, ainsi que ma magie Dit la fée

- Elle va absorber tout ce que nous avons en nous Dit le prince noir

Tulipe s'avança , elle était attirée par le brouillard

- Qu'est ce que tu fais? Dit le prince noir

Tulipe continuer a avancer, le prince noir essaya de faire de même , mais un mur invisible l'empêcha de le faire

- TULIPE ! Cria le prince noir

Le brouillard laissa Tulipe passer et plein d'éclair apparurent, une énorme brume apparue face à elle

- oh tulipe , pauvre Tulipe dis la brume

- Qu'a tu fait? Ou est passée Tulipe? Dit le prince noir

- De l'autre côté, du brouillard, dans la mort si tu prefere Dit la brume

Le prince noir ce transforma en brume noir et passe le mur invisible, et fut à son tour dans le brouillard, la fée elle, trop faible, ne bougea pas

-Tulipe! cria le prince noir dans le brouillard
Il ne trouva rien, et n'aperçu pas Tulipe, plein d'éclair jaillirent de tout les côtés, il s'avança vers eux, en évita quelques un, et trouva Tulipe flottant au milieu des éclairs et du brouillard

- Je te promet de te faire descendre. Dit le prince noir

- Bonne chance Dit la brume

Le prince noir ce re transforma en humain, regarda tulipe qui d'un coup, s'avança vers lui

- Tulipe écoute moi, je ne veux pas te faire de mal, je t'aime dit-il

Tulipe s'arrêta comme si elle entendait le prince noir, mais .. aucune réaction, le brouillard l'avait rendue différente, elle ce battait à présent contre elle même

- tulipe, écoute moi, bat toi, tu n'es pas seule, je crois en toi, tu vas réussir dit le prince noir

le regard de Tulipe, changea, il brilla

- Je sais que tu es toujours là, cet étincelles dans tes yeux brilles toujours, on s'aime ne l'oublie pas, qu'importe ce que tu deviendras je t'aimerais toujours Dit-il

Une voix retentit comme si quelqu'un était entrain d'hurler, le visage de tulipe changea en plusieurs expression mais cela ce passait vite, elle passa du rire au larmes, énervée, puis sans expression, elle était entrain de ce battre contre ses démons intérieur. Le prince noir, s'approche et lui prit la main, une énorme lumière verte apparut

- Je ne te lâcherais pas. Jamais! cria le prince noir

- Aide moi dit tulipe

- je suis là dit il

Tulipe vola, puis se jetta contre le mur. Elle eu quelques bleu qui disparurent aussi vite, le prince noir posa ses mains sur Tulipe, pour absorber tout le mal qu'il restait en elle

- Ne fais pas ça dit elle

- je me battrais pour toi dit il

un flux de couleurs sortie de tulipe, c'était tout le mal qu'elle avait en elle, il était entrain de la libérer de ses démons. quand il n'y eu plus de couleurs elle tomba sur le sol, et le prince noir ressenti les émotions noir de tulipe

- tu as tellement souffert de ma faute, mais je suis là pour te rendre heureuse, et je veux t'épouser selon les règles. dit il

Il releva Tulipe, la porta, et comme il avait récupérer la plupart de ces pouvoirs, l'emporta dans un autre endroit, il était à présent dans la forêt de perle, dans une petite maisonnette non loin de chez Tulipe, il l'a déposa sur un lit, et la laissa ce reposer, et alla au clair de lune, pour récupérer de sa magie, quand Tulipe ce réveilla elle alla voir le prince noir.

- tu m'as sauvée dit elle

le prince noir la serra dans ses bras, tulipe mis ses bras autour de sa tête, et le serra de toutes ses forces, ils ce regardèrent et s'embrassèrent, après ce bisous, souriant l'un en face de l'autre, il ne dirent plus un mot , face à la lune, ils étaient loin de tout.

- Tulipe ? dit le prince noir

- oui ? Dit tulipe

- j'ai une question dit-il

- et moi une réponse dit elle

- Est ce que tu veux m'épouser mais pour de vrai cette fois? dit il

le prince noir posa un genou à terre, et sorti une bague et la glissa au doigt de tulipe, qui fit oui de la tête

- je t'ai mis il n'y a pas longtemps une tige à ton doigt en te promettant qu'un jour ce sera une bague, ce jour est arriver, et je veux que tu sois ma femme pour l'éternité dit il

Tulipe ne su quoi répondre , elle ce contenta de serrer de toute ses forces le prince noir dans ses bras, qui l'a serra en retour.
Mais lors de ce câlin, quelque chose toucha le prince noir.
Ensuite le prince noir devenu bizarre.. comme si, il était entrain de ce lasser de tulipe, l'amour peut parfois être le plus puissant maléfice, malheureusement certains maléfices ne peuvent pas être rompue, et l'amour que tulipe éprouvait pour le prince noir, en fesait partie.

- j'ai de la chance après toute ses péripéties de t'avoir à mes côtés. Dit Tulipe
Le prince noir ne répondit pas
- Qu'est ce qu'il t'arrive? Tu es si différent.. dis tulipe

- je pense que je me suis vite engagée dans tout cela, je ne suis peut être pas prêt à t'aimer comme tu le mérite dit le prince noir

Tulipe ce mit à pleurer

- mais.. tu m'a dis et montrer tellement de choses.. on.. nan ce n'est pas possible.. dit elle effondrer

- ce n'était pas dans mes intentions de te faire du mal je ne pensais pas t'aimer un jour, mais maintenant que je vois à quel point tu m'aimes et à quel point tu te donne à fond pour moi, je n'ai pas envie de te blesser plus qu'autre chose dit il

- mais non! Reste ! On continue ensemble tu ne peux pas me faire ça après tout ce qu'on a vécues! Nous sommes le prince noir et tulipe.. tu ne peux pas.. nous sommes lier par la malédictions de mon œil, par notre amour.. tu ne peux pas m'abandonner.. je .. JE T'AIME! Hurla tulipe

Le prince noir posa sa main sur l'œil de tulipe, et la cicatrice ainsi que là malédictions disparut

Printed by Books on Demand GmbH, Norderstedt / Germany